ZÉLINDOR,
ROI DES SILPHES,
BALLET
REPRÉSENTÉ
DEVANT LE ROI,
EN SON CHATEAU DE VERSAILLES;

Les 17, 24 *Mars*, *et* 22 *Décembre* 1745.

DE L'IMPRIMERIE
DE JEAN-BAPTISTE-CHRISTOPHE BALLARD,
Doyen des Imprimeurs du Roi, seul pour la Musique.

M. DCC XLV.

Par exprès commandement de Sa Majesté.

ACTEURS CHANTANS.

ZÉLINDOR, *Roi des Silphes*, Le S.ʳ Jelyotte.

ZIRPHÉ, *mortelle aimée de* ZÉLINDOR,   La D.ˡˡᵉ Le Maure.

ZULIM, *Silphe, confident de* ZÉLINDOR,   Le S.ʳ De Chaffé.

CHOEUR DE NIMPHES.

UNE NIMPHE,   La D.ˡˡᵉ Fel.

CHOEUR DE GENIES ELEMENTAIRES.

SILPHES, GNOMES, ONDAINS, SALAMANDRES.

UNE SILPHIDE,   La D.ˡˡᵉ Fel.

PREMIER DIVERTISSEMENT.

NIMPHES.

La Demoiselle Le Breton ;

Les Demoiselles Rabon, Carville, Erny, Rozaly, Courcelle, S.ᵗ Germain, Beaufort, Thiery.

SECOND DIVERTISSEMENT.
GENIES ELEMENTAIRES.
GNOMES.

Le Sieur Hamoche ;

Les Sieurs Matignon, P-Dumoulin, Dupré.

ONDINES.

Les Demoiselles Courcelle, St Germain, Beaufort.

SALAMANDRES.

Le Sieur Pitro ;

Le Sieur Malter-troisiéme ;

Les Sieurs Monservin, Gherardi, De Vice.

SILPHIDES.

La Demoiselle Camargo ;

La Demoiselle Le Breton ;

Les Demoiselles Erny, Thiery, Puvignée.

ZELINDOR,

ZÉLINDOR,
ROI DES SILPHES.

Le théâtre représente une campagne ornée d'arbres, de gazons, de fleurs, et semée en quelques endroits de rochers: On voit descendre deux Silphes portés sur des nuages d'azur & de lumiere ; l'un des Silphes tient un scéptre.

◆◆◆◆◆◆◆◆◆◆◆◆◆◆◆◆◆◆◆◆◆◆◆◆◆◆◆◆◆◆◆◆◆◆◆

SCENE PREMIERE.

ZÉLINDOR, ZULIM.

ZULIM.

*N souverain Génie adore une mortelle !*
Quoi ! Vous, Silphe enchanteur, qui régnez
dans les airs,
Vous n'êtes point flatté d'avoir donné des fers
A la Silphide la plus belle ?

A

ZÉLINDOR,

ZÉLINDOR.

*Hé! Comment ne pas m'enflammer
Pour l'aimable objet qui m'enchante?*

*Une Silphide fait aimer,
Mais une Mortelle est charmante.*

*Hé! Comment ne pas m'enflammer
Pour l'aimable objet qui m'enchante?*

Oui, la jeune Zirphé m'a conduit en ces lieux:
Par mille enchantemens, mon art ingénieux
Prévient ses vœux, l'étonne & l'amuse sans cesse:
  Cent fois pendant les nuits,
  Les songes que j'instruis
Lui peignent mon image, annoncent ma tendresse.
  J'ai soin qu'à sa félicité
  Tout conspire dans la nature;
Cherche-t'elle ses traits au sein d'une onde pure?
Elle y voit les Amours couronner sa beauté.
  Ce matin encore,
Portant sur ce gazon ses regards enchanteurs,
Elle lisoit ces mots, formés par mille fleurs:
 Zirphé, qui vous voit vous adore.

ROI DES SILPHES.

ZULIM.

On sait que vous aimés;
Annoncez vous-même
Les vœux que vous formés.
On sait que vous aimés;
Croyez qu'on vous aime.

ZÉLINDOR.

Laisse-moi m'armer constament
Contre une flateuse chimere;
On ne croit que trop aisément
Posseder le talent de plaire.

ZULIM.

Est-ce à vous de craindre en aimant?

Hé! Que faut-il encore
Pour être heureux amant?

Vous êtes Roi, jeune & charmant;
Et vous doutez qu'on vous adore?
Vous êtes Roi, jeune & charmant;

Hé! Que faut-il encore
Pour être heureux amant?

A ij

ZÉLINDOR,

ZÉLINDOR.

Connois le cœur d'une mortelle ;
Toujours sensible & rarement fidéle,
A de nouveaux plaisirs il se laisse emporter.

> *Comme un Zéphir qui caresse*
> *Une fleur sans s'arrêter,*
> *Une volage maîtresse,*
> *En flatant notre tendresse,*
> *S'empresse de nous quitter*
> *Comme un Zéphir qui caresse*
> *Une fleur sans s'arrêter.*

Dans le cœur de Zirphé, par un art infaillible,
> *Je vais découvrir en ce jour,*
Si c'est l'orgueil de plaire, ou le plus tendre amour
> *Qui la fait paroître sensible :*

> *Mais elle porte ici ses pas ;*
Contemplons ses beaux yeux qui ne me verront pas.
Ce scéptre que je tiens va me rendre invisible.

ZÉLINDOR touche ZULIM de son scéptre, ZULIM devient invisible pour ZIRPHÉ, et reste sur la scene avec ZÉLINDOR.

SCENE II.

ZIRPHÉ, ZÉLINDOR sans être apperçu de ZIRPHÉ, et s'occupant toujours d'elle.

ZIRPHÉ.

Pourquoi me refuser le plaisir de vous voir ?
Cher Enchanteur, volez, remplissez mon espoir.

Dieux ! A mon trouble extrême
Puis-je m'accoutumer ?
Quoi ! J'aime autant qu'on peut aimer,
Et je n'ai point vû ce que j'aime ?

Pourquoi me refuser le plaisir de vous voir ?
Cher Enchanteur, volez, remplissez mon espoir.

Si j'en crois mon impatience,
Si j'en crois de mon cœur l'heureux pressentiment,
Votre plus doux enchantement
Doit naître de votre présence.

Pourquoi me refuser le plaisir de vous voir ?
Cher Enchanteur, volez, remplissez mon espoir.

ZÉLINDOR,

Un songe cette nuit me traçoit votre image :
Vous paroissiez charmant, vous traversiez les airs,
    J'entendois d'aimables concerts
    Eclater à votre passage :
Des arbres, des rochers, en Nimphes transformés,
    Par des jeux me rendoient hommage :
Ah ! Si de ces objets mes sens étoient charmés,
Croyez...

ZÉLINDOR,
Sans être vû de ZIRPHÉ.

Belle Zirphé, que ce qui peut vous plaire,
Pour vous jamais ne soit un bien trompeur ;
    Qu'une chimere
    Qui vous est chere,
Au même instant, cesse d'être une erreur.

Songes, qui flattiés ce que j'aime,
    Devenez une vérité.

Les arbres & les rochers sont changés successivement en Nimphes.

SCENE III.
ZIRPHÉ, ZÉLINDOR,
NIMPHES.

ZIRPHÉ.

Que vois-je ? Non, malgré votre pouvoir suprême,
Si vous ne vous offrez vous-même,
Non, vous ne faites rien pour ma félicité.
On danse.

CHOEUR DE NIMPHES,
A ZIRPHÉ.

Il faut que tout seconde
Ou prévienne vos vœux,
Le plus aimable objet du monde
Doit être encor le plus heureux.
On danse.

UNE NIMPHE.

Sur vos pas, par quel charme admirable
Les plaisirs viennent se rassembler ?
Près de vous, tout devient aimable,
Tout s'empresse à vous ressembler.

ZÉLINDOR,

Régnez au gré de votre envie,
Voyez triompher vos desirs ;
N'ayez d'autres soins dans la vie,
Que d'imaginer des plaisirs.

Sur vos pas, par quel charme admirable
Les plaisirs viennent se rassembler ?
Près de vous, tout devient aimable,
Tout s'empresse à vous ressembler.

On danse.

ZIRPHÉ,

Interrompant les danses des NIMPHES.
C'en est assez ;
Les NIMPHES se retirent, et marquent par des attitudes, leur regret de quitter ZIRPHÉ.
Ah ! Paroissez enfin.
Venez, cher Enchanteur... Je vous appelle envain...
Vous triomphés de l'amour qui m'enflamme ;
Charmer est votre seul plaisir ;
Non, vous n'aimés qu'à tourmenter une ame,
Et vous ne pouviés mieux choisir.

ZÉLINDOR,

ZÉLINDOR, *toujours invisible pour* ZIRPHÉ.
Ah! Jugez mieux d'un cœur qui vous adore,
Et n'accusez que vous, si je me cache encore.

Je regne dans les airs sur des peuples charmans ;
Si vous êtes sensible à l'ardeur qui m'inspire,
Vous pouvés, dès ce jour, partager mon empire ;
Vous pouvés, posseder l'art des Enchantemens :
Mais, malgré ce bonheur que je vous fais connoître,
Dès que vous pourrés savoir
A quel prix le destin me permet de paroître ;
Aimable Zirphé, peut-être,
Vous ne voudrez plus me voir ?

ZIRPHÉ.
Quelle injustice extrême !
Le plaisir de voir ce qu'on aime
Récompense cent fois de ce qu'il doit couter :
Déclarez ce secret : Qui peut vous arrêter ?

ZÉLINDOR, *toujours invisible pour* ZIRPHÉ.
Hébien, il faut céder à votre impatience.
A vos regards, dès que je m'offrirai,
Si pour moi votre cœur est dans l'indifférence
Ordonnez mon exil ; hélas ! J'obéirai :

B

Plus heureux, si l'Hymen nous unit l'un à l'autre ;
Mon sort sera charmant ; mais aprenez le votre.

Vos yeux, ces yeux si beaux, en redoublant mes fers,
Perdront sur tous les cœurs leur empire ordinaire ;
  Je serai dans tout l'univers,
 Le seul amant à qui vous pourrés plaire.
Parlez....

ZIRPHÉ, avec vivacité.

 Oui j'y consens, je le veux, paroissez.
Elle apperçoit le Génie qui a jetté son scéptre,
  et qui tombe à ses genoux.
Ah ! Gardez-vous de jamais disparoître.

ZÉLINDOR, aux genoux de ZIRPHÉ.

Vous savez nos destins, hâtez-vous, prononcez...

ZIRPHÉ, relevant ZÉLINDOR.

  Non, vous n'exigés pas assez
Pour le prix du plaisir qu'on trouve à vous connoître.

ZÉLINDOR.

L'empire de mon cœur pourra vous contenter !

ZIRPHÉ.

Quand on charme l'amant qui fait nous enchanter,

A d'autres yeux, que sert-il d'être belle ?
Je n'aurai rien à regretter,
Si vous m'êtes toujours fidéle.

ZELINDOR.

Elle aime ! Amour, je sens le plus heureux transport.
Zirphé, sortez d'erreur, et connoissez ma flamme :
C'étoit pour éprouver votre ame
Que je vous annonçois un vain arrêt du sort :
Oui, vous plairés, toujours, tout vous rendra les armes.
Mille cœurs vous seront offerts ;
Hé ! Quel pouvoir dans l'univers,
Borneroit celui de vos charmes ?

ENSEMBLE.

Ah ! Combien vous m'aimerés,
Si mon cœur sert de modéle !
Qu'avec plaisir vous formerés
Les nœuds d'une chaîne éternelle !

ZÉLINDOR.

Embellissez ce fortuné séjour
Peuples des Elemens, venez ici vous rendre ;
Voyez unir, par les mains de l'Amour,
Le plus charmant objet, et l'amant le plus tendre.

Le théâtre change, et repréſente le palais du Roi des Silphes.

SCENE IV.
ZIRPHÉ, ZÉLINDOR, ZULIM; GÉNIES ELEMENTAIRES.
SILPHES, GNOMES, ONDAINS, SALAMANDRES.

ZÉLINDOR.

Que dans les airs vos chants harmonieux,
 Que le feu, que la terre & l'onde,
 Que tout rende hommage à des yeux.
 Le charme & la gloire du monde.

CHOEUR.

Que dans les airs nos chants harmonieux,
 Que le feu, que la terre & l'onde,
 Que tout rende hommage à des yeux
 Le charme & la gloire du monde.

On danſe.

ROI DES SILPHES.

ZULIM, A ZIRPHÉ.

Des Silphes vos sujets, les vœux vous sont offerts.
Sachez quel est leur sort dans l'empire des airs.

Notre art chaqu'instant fait éclore
Quelqu'évenement enchanteur ;
Et l'habitude du bonheur
Nous le fait mieux gouter encore.

Animés des plus doux desirs,
Jamais l'ennui ne nous livre la guerre ;
Tandis que tout dort sur la terre,
Pour tout repos nous changeons de plaisirs.

On danse.

UNE SILPHIDE, A ZIRPHÉ.

Quel amant sous vos loix s'engage !
Que de fleurs vont former vos fers !
L'Enchanteur qui vous rend hommage
Vous éleve au trône des airs.
Quels plaisirs vous sont offerts !

ZÉLINDOR,

Que votre empire
Doit vous charmer !
On n'y respire
Que pour aimer.

On danse.

CHOEUR DE SILPHIDES.

Vos destins changent leur cours ;
Vous cessez d'être mortelle,
Pour n'avoir que de beaux jours ;
Et pour être toujours belle.

LA SILPHIDE.

Ah ! Ah ! Quel bien est plus doux !
Ah ! Qu'il est digne de vous !
Que votre empire
Doit vous charmer !
On n'y respire
Que pour aimer.

ROI DES SILPHES.

LE CHOEUR.

Ah! Ah! Quel bien est plus doux!
Ah! Qu'il est digne de vous!

LA SILPHIDE.

Que votre empire
Doit vous charmer!

LE CHOEUR.

On n'y respire
Que pour aimer.

On danse.

CHOEUR DES GENIES.

Que dans les airs nos chants harmonieux,
Que le feu, que la terre & l'onde,
Que tout rende hommage à des yeux
Le charme & la gloire du monde.

FIN DU BALLET.

www.ingramcontent.com/pod-product-compliance
Lightning Source LLC
Chambersburg PA
CBHW071439060426
42450CB00009BA/2243